AF245303

CONFÉRENCE

faite par

M. JAVAL, Député

au

CERCLE RÉPUBLICAIN

de Sens

Le 9 MAI 1889

Conférence

FAITE PAR **M. JAVAL**, DÉPUTÉ

AU

CERCLE RÉPUBLICAIN DE SENS

LE 9 MAI 1889

Je n'avais fait sténographier la Conférence dont le texte suit, que pour
a donner à quelques amis. On insiste auprès de moi pour que je mette
cette brochure entre un plus grand nombre de mains. Je ne saurais m'y
refuser, mais je ne me suis pas cru permis, malgré la publicité que mes
paroles vont recevoir, de rien modifier à ce que j'ai dit, ni de changer
le caractère familier et intime du langage que j'ai tenu.

Messieurs,

Vous devez vous souvenir que c'est du Cercle
de l'Industrie, — c'était alors le nom de ce Cercle, —
qu'est sortie ma candidature en 1885, après la mort
de M. Victor Guichard. Depuis les obsèques de
M. V. Guichard jusqu'au jour où je reçus une lettre
écrite en votre nom par M. Licois, je n'avais fait
aucune démarche auprès d'aucun de mes collègues
du Cercle, et j'avais même évité de venir à Sens.

A la lettre que vous m'aviez fait écrire, je répon-
dais que j'étais prêt, soit à accepter la candidature,

si vous le jugiez à propos, soit à soutenir énergiquement le candidat que vous auriez choisi; que je me mettais absolument aux ordres de la démocratie sénonaise, soit pour être candidat, soit pour rester dans le rang.

Peu de jours après, vous me choisissiez pour candidat, et la majorité de l'arrondissement consacrait votre choix en m'élisant contre l'honorable M. de Fontaine,

Bien que réélu aux élections générales de 1885, je considère que c'est vous, Messieurs, qui m'avez ouvert les portes de la Chambre. Je tiens donc à vous rendre compte de mon mandat.

Je tiens aussi à dire ici, avant de l'avoir déclaré publiquement, que mon désir formel est de ne pas me représenter aux prochaines élections législatives.

Je vous prie, Messieurs, de ne pas me faire dire plus que je ne dis. Mon désir est de ne pas me représenter; mais je n'ai pas dit que je ne me représenterais pas. Je crois que vous ferez mieux de prendre un homme nouveau, et mes convenances personnelles seraient de me retirer momentanément de la politique. Cependant, s'il m'était démontré qu'il est de mon devoir de soutenir une fois de plus la lutte, de porter une fois de plus le drapeau de la République, je n'y manquerais pas.

Ce devoir se présenterait pour moi dans le cas, tout à fait improbable, où vous ne trouveriez pas un homme qui réunirait trois conditions qui sont, suivant moi, indispensables pour représenter convenablement l'arrondissement de Sens.

Première condition : il faut que le candidat soit républicain. Là-dessus, nous sommes tous d'accord.

Deuxième condition : il faut un parfait honnête homme; je veux dire un honnête homme dans toute l'acception du terme; cette qualité est une plus sûre garantie qu'un programme.

Troisième condition : il faut un candidat qui ait des attaches matérielles dans l'arrondissement ; il ne faut point de candidat exotique, car il est imprudent d'exposer notre représentant à choisir entre ses intérêts et les nôtres.

Voilà, Messieurs, et je pense que c'est aussi votre sentiment, les conditions essentielles que doit réunir celui auquel vous confierez le mandat dont je désire déposer le fardeau.

Je désire, de plus, que notre député soit dans une situation indépendante, qu'il connaisse nos affaires départementales, qu'il soit au courant des intérêts agricoles, qu'il soit en mesure d'affronter la tribune du Palais-Bourbon, et enfin je voudrais un homme laborieux dont la vie passée répondît de l'avenir ; il me semble que toutes ces conditions peuvent être exigées : pour ma part, je me contenterais des trois premières.

Après vous avoir exprimé mon désir de ne pas me représenter, je me sens beaucoup plus à l'aise pour vous rendre compte de mon mandat sans trop de modestie ; car je ne parlerai pas dans un intérêt électoral, mais dans un esprit de solidarité entre vous et moi. En effet, si j'ai mal agi, si j'ai mal représenté l'arrondissement de Sens et le département, c'est vous-mêmes qui en avez la responsabilité, puisque c'est vous qui êtes venus me chercher. J'estime qu'il est de l'intérêt, de l'honneur du Cercle, que cette responsabilité soit complètement dégagée, et qu'il soit démontré que l'homme sur lequel vous avez jeté les yeux n'a pas trompé votre confiance, n'a pas failli à son mandat.

La profession de foi sur laquelle j'ai été élu est courte ; la voici :

Électeurs,

Vous êtes convoqués pour élire un député en remplacement de M. Victor Guichard, dont l'ardent patriotisme et le dévouement à la République resteront toujours pour nous un modèle et un exemple.

La Chambre actuelle n'aura certainement pas le temps de résoudre toutes les questions qui nous tiennent au cœur ; elle devra sans doute ajourner les nouveaux progrès à faire dans l'instruction publique et la séparation de l'Église et de l'État. Espérons qu'elle pourra, tout au moins, instituer le scrutin de liste, terminer vite et glorieusement les expéditions lointaines, organiser l'armée coloniale, réduire le service militaire à trois ans, réformer le volontariat, voter la loi sur les récidivistes.

Il est plus urgent encore d'assurer la stabilité gouvernementale, sans laquelle il n'est pas de prospérité possible, et il faut, sans souci des théories libre-échangistes ou protectionnistes, appliquer immédiatement les moyens légitimes, efficaces et pratiques de venir en aide à l'agriculture nationale.

Radicalement républicain, votre élu devra suivre résolument la tradition progressiste inaugurée par notre arrondissement en 1857, tradition dont mon père a été le premier représentant ; il devra occuper la place laissée vide par M. Guichard. La continuation de l'œuvre de ces deux hommes me paraît être le meilleur hommage qui puisse être rendu à leur mémoire vénérée.

Mes chers Concitoyens,

Si ce programme vous agrée, les souvenirs d'enfance qui m'attachent par des liens indissolubles au pays sénonais me font une loi de vous offrir tout mon dévouement pour en assurer l'exécution.

Sans interrompre des travaux professionnels qui me sont chers, je suis prêt à me consacrer avec ardeur au mandat que vous voudrez me confier.

Quand viendront les élections générales, si nous avons cessé de marcher d'accord, je n'hésiterai pas à rentrer dans le rang, car je m'honore d'être de ceux qui n'ont jamais rien demandé à la République et qui sont toujours prêts à la servir.

Voilà, Messieurs, la profession de foi que j'avais publiée en vue de l'élection du 18 janvier 1885. Je vous l'ai relue pour que vous remarquiez coi bien j'ai été sobre de promesses. — J'ai été plus réservé encore lors des élections générales de 1885, puis-

que je n'ai pas collaboré au fameux manifeste par
lequel MM. Lepère, Bert, Rathier et Dethou déclaraient qu'ils se présenteraient *ensemble, et seulement ensemble.* Vous voyez qu'alors encore, je mettais peu d'ardeur à m'offrir aux électeurs, et, cependant, j'ai été élu par 53 558 suffrages, le plus grand
nombre de votes qui aient jamais été réunis sur le
même homme dans le département de l'Yonne. —
Recherchons ensemble si ces 53,558 électeurs ont
été trompés par leur élu.

I

Parlons d'abord de politique générale.

Je vous ai dit qu'il était indispensable que votre
élu fût républicain, et je n'ai pas parlé de nuance.

A mon avis, les divisions entre républicains font
le jeu des ennemis de la France et des réactionnaires, et jamais, dans aucune circonstance, je n'ai
accepté pour moi ni infligé à autrui les épithètes
d'opportuniste ou de radical; j'ai toujours prêché la
concorde, et, s'il m'est arrivé de critiquer des républicains, ce n'était pas à raison de leur nuance: je
n'ai jamais blâmé que les républicains malhonnêtes,
courtisans de popularité malsaine, généreux en paroles, prodigues de promesses, et qui ont failli discréditer le régime représentatif.

Il y a, Messieurs, deux manières de se comporter
vis-à-vis du suffrage universel. — La première est
à la portée de tous, et celui qui s'en sert est à peu
près certain de contenter ses électeurs: elle consiste
à toujours suivre le courant. Si les électeurs crient:
« Scrutin de liste », on crie plus fort qu'eux: « Scrutin de liste »; s'ils crient: « Revision », on crie:
« Revision »; s'ils crient: « Vive Boulanger! » on
crie: « Vive Boulanger! » s'ils crient: « Vive Carnot! » on crie: « Vive Carnot! » De la sorte, on

est toujours d'accord avec les électeurs ; ce n'est pas difficile, et c'est ce que font un certain nombre de politiciens.

Il y a une seconde manière de faire, toute différente, et qui est, suivant moi, la seule digne d'un honnête homme: c'est de résister au courant quand on est sûr que le courant est funeste aux intérêts du pays; de voter et d'agir sans s'inquiéter du qu'en dira-t-on, de parler franchement, — en un mot, de faire toujours et quand même son devoir, — c'est le moyen de garder le respect et l'estime de soi-même.

Je vais vous rappeler des circonstances où ma franchise vous a déplu; peut-être, après réflexion, me donnerez-vous raison.

Vous souvenez-vous, Messieurs, de notre réunion du premier lundi de décembre 1885, dans l'ancien local du Cercle? A la suite de cette conversation, vous aviez trouvé que M. Javal était singulièrement pessimiste. Je vous avais dit que la Chambre était absolument divisée; qu'il y avait près de deux cents voix de droite toujours prêtes à faire cause commune avec les voix d'extrême gauche pour empêcher toute stabilité. Je vous avais fait des pronostics très fâcheux pour l'avenir, ce qui n'était pas une manière de se faire applaudir. En vous peignant ainsi la situation, je savais parfaitement ne faire plaisir à personne, mais je croyais que la vérité était utile à dire, et je vous montrais la situation telle qu'elle s'est dévoilée depuis : si d'autres avaient eu la même franchise, le pays aurait échappé aux déceptions qui l'ont désorienté.

Plus tard, le 3 novembre 1886, dans un banquet de la Société de tir, je rendais compte avec quelque détail d'un séjour de quarante jours que je m'étais imposé de faire en Allemagne pendant les vacances. J'expliquais que j'avais fait ce voyage pour me former une opinion sur la question Boulanger, et voici pourquoi. Quand j'ai vu, peu de temps après l'arrivée du général Boulanger au ministère de la Guerre, se produire dans toute la France un sentiment de fierté, d'orgueil et de sécurité ; quand j'ai assisté à un admirable réveil de dignité nationale ; quand j'ai senti que le pays reprenait confiance dans son armée et dans lui-même, j'ai eu un moment de joie patriotique ; je me suis dit : Je tiens à la République, mais je tiens encore plus à l'intégrité de la patrie. Et si ce soldat allait nous reconquérir nos provinces perdues, s'il allait rendre à la France son ancienne grandeur, j'irais en sa faveur jusqu'aux derniers sacrifices. Mais, avant de s'engager, il faut se renseigner : c'est le devoir d'un homme politique. Les vacances mêmes ne sont pas à lui, et comme il est difficile de se rendre compte des choses sans les voir sous tous les aspects, je passai la frontière sans hésiter, voyageant en observateur très attentif, étudiant à la fois les questions politiques et sociales et les établissements scientifiques et hospitaliers. Grâce à mes relations dans le corps médical, j'avais bientôt découvert, à ma surprise, à ma stupéfaction, à mon indignation, qu'il y avait une communauté d'intérêts entre le Gouvernement allemand et le ministère de la Guerre français. Certains articles rédigés à Paris paraissaient dans les journaux allemands et semblaient exprimer des craintes sur les forces de la France, réveillée par le général Boulanger, et ces articles étaient de nouveau traduits dans les journaux français pour donner à la France confiance dans le général. Ces agissements plaisaient parfaitement à l'Allemagne, parce qu'elle était en mesure, en ce moment-là, de faire la guerre ; à cette époque, nos fusils à petit calibre n'existaient pas encore en grande quantité et le moment aurait été très mal choisi pour nous. J'ai vu qu'on préparait des deux côtés de la frontière l'opinion publique dans le sens de la guerre ; c'était un intérêt national du côté de l'Allemagne, et, de notre côté, pour le ministre de la Guerre, une partie dont la France était l'enjeu.

Avant l'incident Schnœbelé, j'ai été de ceux qui ont vu que la présence du général au ministère était une menace continuelle pour la sécurité de la France. Avec un certain nombre d'amis, nous avons exhorté M. Goblet à faire cesser une propagande qui se faisait aux frais des contribuables. Le président du Conseil n'a rien voulu entendre ; il n'a pas voulu se séparer du général Boulanger. Alors sont survenus l'incident Schnœbelé et toutes ces complications dont on se souvient ; M. Goblet restait sourd à nos avis. Devançant le sentiment public, calculant qu'il faudrait des années pour faire revenir les masses républicaines à une saine appréciation du général chanté par Paulus, j'ai été de ceux qui renversèrent le ministère Goblet et, si c'était à recommencer, je le ferais encore.

Depuis, j'ai eu à mes trousses toute la presse boulangiste, parce que j'ai été un des premiers à lire dans son jeu.

Peu de temps après, le 21 avril 1887, je faisais au Cercle républicain de l'Yonne, à Paris, une Conférence sur les « Coulisses parlementaires ». J'expliquais qu'il y avait dans la Chambre un certain nombre de membres uniquement préoccupés de l'intérêt de leur réélection, et plusieurs qui tiraient profit de leur mandat. Je montrais les inconvénients des mauvais choix faits par le scrutin de liste. Dans cette même Conférence, j'exprimais avec dégoût mon opinion sur une partie de la presse qui, au lieu d'exercer un sacerdoce, exerce un négoce, et je disais que dans la Chambre il y a certainement une grande majorité d'honnêtes gens, que je voudrais bien qu'il en fût de même dans la presse, et dans la presse du département de l'Yonne..... Depuis ce moment, MM. les journalistes ont eu pour moi toutes les aménités possibles, et je crois que je n'en suis nullement déshonoré. Vous avouerez qu'il y avait quelque chose de vrai lorsque Gambetta disait : « Un homme politique doit être prêt à avaler un crapaud tous les matins avant son déjeuner ». Ce crapaud m'a été servi un peu souvent, et je suis persuadé que vous avez assez de jugement et d'éducation pour n'avoir pas ajouté foi à toutes les abominations qu'ont écrites ces messieurs.

Tout comme pour mes prévisions pessimistes relatives au boulangisme, les événements n'ont donné que trop tôt raison à mes plaintes relatives aux députés répréhensibles ; nous avons vu, quelque temps après, éclater les scandales Wilson. Ces choses, que toute la France sait maintenant, nous les connaissions dans le Parlement ; nous savions qu'il y avait parmi nous quelques hommes qui nous déconsidéraient : si le pays avait été prévenu à temps, il n'aurait pas été désorienté par l'affaire Wilson, et nous autres nous n'en aurions pas reçu les éclaboussures.

Croyez-vous qu'il soit agréable de faire partie d'une réunion d'hommes d'où l'on n'a pas le droit d'exclure qui que ce soit ? Ici, dans le Cercle, vous pouvez exclure un malhonnête homme, tandis qu'à la Chambre nous n'avons aucun droit d'expulsion. C'est une situation dont la République souffre cruellement, car, dans l'esprit d'un très grand nombre de personnes, les députés honnêtes, qui sont en grande majorité, ont été rendus solidaires de quelques coquins qui se trouvent parmi nous. et il en est résulté la déconsidération du régime parlementaire.

II

Quel était le remède à ce désordre ? On a frappé haut, et il a fallu que M. Grévy expiât la faute de vie privée qu'il avait commise en acceptant pour gendre le frère de Mme Pelouze.

La chute de M. Grévy étant inévitable, il fallait lui trouver un remplaçant.

A la séance de la Chambre du 6 novembre 1887, M. Rouvier, à propos d'une affaire Wilson, a dit qu'il s'était trouvé un ministre des Finances qui avait refusé de restituer 75.000 francs à la maison Dreyfus. A ces mots, éclata une salve d'applaudissements qui dura peut-être deux minutes et pendant laquelle M. Carnot, le ministre en question, semblait vouloir se cacher sous son banc, car c'était à lui que s'adressait cette salve d'applaudissements pour un acte qu'il avait considéré comme le plus simple devoir. Cette ovation terminée, je me levai à moitié et dis assez haut pour être entendu de trente ou quarante de mes collègues : « La Chambre vient de saluer le futur Président de la République ». Avant ce moment, personne n'y avait pensé ; je croyais bien rester seul de mon avis, comme cela m'arrive quelquefois, et ce fut sans grand espoir que j'entrepris, avec quelques amis, une campagne vigoureuse pour amener M. Carnot, malgré lui, à la Présidence de la République.

Je connaissais Carnot depuis l'âge de douze ans ; nos pères étaient liés d'amitié du plus loin qu'il me souvienne. J'étais sûr de bien agir en poussant sa candidature. D'ailleurs, je ne voulais pas de Ferry, dont l'élection aurait eu des inconvénients à cause de son impopularité. Je voulais encore moins de Freycinet, car c'est lui qui nous a mis dans la situation financière où nous sommes, et c'est lui qui nous a fait perdre l'Egypte.

Vous voyez qu'une fois de plus j'ai mis l'intérêt de la France au-dessus des misérables querelles entre radicaux et opportunistes. Depuis, la nation a ratifié le choix du Congrès.

Le soir même de l'élection de Carnot, deux réunions de nos compatriotes avaient lieu à Paris ; le dîner annuel des anciens élèves du lycée de Sens, où il ne fut donné qu'une note pessimiste ; et le banquet annuel du Cercle républicain de l'Yonne : c'est là que j'eus le grand honneur de porter le toast suivant :

Chers Compatriotes,

Vous avez présente à la mémoire la salve d'applaudissements par laquelle, le 5 novembre, la Chambre salua le nom de M. Carnot, prononcé incidemment par M. Rouvier.

A partir de ce jour mémorable, toute affaire cessante, je me suis employé au succès de cette candidature, à l'insu du candidat lui-même.

M. Carnot fait partie de ces cent trois indépendants qui ne sont inscrits à aucun groupe et qui ne veulent être classés ni comme opportunistes ni comme radicaux. Parmi ces *sauvages*, dont je suis avec MM. Dethou et Houdaille, il existe, sans doute, plusieurs hommes aussi honnêtes que M. Carnot et plusieurs autres tout aussi intelligents. Je ne crois pas qu'il y en ait un qui ait fait preuve à la fois de ces qualités au même degré.

Ses compatriotes l'ont bien jugé : il est conseiller général de Nolay, où son arrière-grand-père était notaire, et où l'on a dressé naguère une statue à son grand-père.

Ce qui caractérise M. Carnot, c'est une religion particulière que j'appellerai le culte du nom paternel. Petit-fils du grand Carnot, fils du sénateur qui fit partie du Gouvernement provisoire de 1848, le Président de la République a été élevé dans le respect des traditions d'honneur, de travail et de patriotisme dont son grand-père et son père lui ont donné l'exemple.

M. Carnot n'est pas décoré. Il ne fait pas précéder

son nom du titre de comte auquel il a droit ; il préfère le prénom qui lui a été donné en mémoire de son oncle, Sadi Carnot, mathématicien éminent. Puisse-t-il un jour mériter comme son ancêtre le beau nom *d'organisateur de la victoire !*

Je lève mon verre en l'honneur du Président de la République.

Ce toast, Messieurs, a été le premier porté par un Français au Président Carnot

L'élection de Carnot ne coupait pas court à toutes les difficultés dans lesquelles nous nous débattions. Les défaillances qu'on reproche justement à la Chambre tenaient en très grande partie au mode de scrutin dont elle est le produit. Je dois ici faire mon *mea culpa :* j'ai eu tort, en 1885, de suivre l'opinion et de voter en faveur du scrutin de liste. J'ai tâché de réparer cette erreur. Convaincu que le scrutin d'arrondissement est le seul où le candidat se trouve face à face avec les électeurs ; le seul où l'on puisse connaître son homme, savoir ce qu'il vaut, et le juger d'après sa vie passée et non d'après un programme rédigé par un comité, j'ai entrepris, aussitôt après l'élection de Carnot, une campagne en règle pour le rétablissement du scrutin d'arrondissement. Je commençai par pointer un à un mes collègues en leur demandant quel scrutin ils préféraient. Au début, on s'est quelque peu moqué de mon pointage, car il donnait une majorité de plus de cent voix à ce malheureux scrutin de liste. En dépit des quolibets, je ne me suis pas lassé ; pendant un an, j'ai employé tous les moyens en mon pouvoir, pour ramener l'opinion de la Chambre. Je vous en épargne le récit. Peu à peu, la majorité adverse descendait à 90, à 80, à 70 ; l'écart n'était plus que de trente ou quarante voix le jour où M. Floquet, dont c'est l'éternel honneur, — sacrifiant sa propre réélection, — se rendit aux instances du Président de la République et vint apporter à notre cause l'influence de son nom et de sa situation. De ce moment, le scrutin d'arrondissement avait le dessus et il nous enverra, je l'espère, une Chambre meilleure que celle qui va disparaître.

Vous le voyez, Messieurs, dans la question Boulanger, dans les affaires Wilson, dans l'élection Carnot, dans la réforme du mode électoral, dans ces quatre grosses questions politiques qui n'avaient été prévues dans aucun programme, j'ai agi énergiquement et sans me soucier de l'opinion dominante ; j'ai agi suivant ma conscience, et, si c'était à refaire, je recommencerais.

III

Je vous ai dit, Messieurs, qu'il faut que vous soyez représentés par un républicain, et j'ai ajouté : par un honnête homme. Je ne crois pas qu'il y ait à insister là-dessus. Seulement, c'est sur l'espèce d'honnêteté que je voudrais dire un mot.

Nous voyons des gens qui, de l'autre côté de la frontière, envoient des manifestes au pays, dans lesquels ils accablent en bloc de leur mépris tous les membres de notre représentation nationale ; ils disent que la France a soif d'honnêteté et de vertu. Je ne crois pas que ces gens soient plus vertueux et plus honnêtes parce qu'ils parlent si souvent de vertu et d'honnêteté. Les honnêtes gens ne crient pas si fort. Pour prendre un exemple éclatant, M. le Président Carnot a-t-il jamais parlé de son honnêteté ? Il n'a pas besoin d'en parler, cela va de soi.

Je suis d'avis que, pour juger de l'honnêteté politique d'un homme, le plus sûr est d'examiner sa vie privée ; vous pouvez être certains que l'homme qui ne se comporte pas honnêtement dans la vie privée finira mal comme homme politique. Vous savez que le nom de M. de Guilloutet est resté célèbre par le respect qu'il voulait imposer à tous devant ce qu'il appelait *le mur de la vie privée*. Ce respect du mur de M. de Guilloutet est, suivant moi, une sottise. Je veux que la vie de ceux qui aspirent à nous représenter se passe dans une maison de verre; vous avez le droit de les interroger sur leurs affaires de famille, et ils doivent vous répondre. Je vous le répète: ne confiez vos intérêts qu'à des hommes dont l'honnêteté privée soit au-dessus de tout soupçon.

Si l'on avait examiné la vie privée de M. Wilson, en aurait-on fait un député? Et de même, si l'on avait examiné la vie privée des boulangistes, en aurait-on envoyé un seul siéger à la Chambre? Demandez l'avis de vos femmes; elles vous répondront: « Mais c'est le parti des divorcés ». Comme on s'est conduit en famille, on se conduira en politique. Examinez la vie de vos candidats; si elle est honnête au point de vue privé, elle le sera probablement en politique.

Il est peut-être prudent aussi de demander qu'un candidat possède une certaine indépendance de fortune. Il est dangereux d'être représenté par des députés dont la seule ressource soit les fameux 25 francs par jour, parce que, si ces 25 francs ne suffisent pas à la satisfaction de leurs besoins ou de leurs goûts, ils peuvent avoir la tentation de chercher à trafiquer de leur mandat; la misère est mauvaise conseillère. Il ne faut pas attribuer à l'argent une valeur aussi grande que le font la plupart des hommes. Suivant un proverbe oriental, l'argent est un très mauvais maître, mais un excellent serviteur. Une situation de fortune indépendante, en préservant l'élu de certaines tentations, est une garantie de plus de sa probité et lui permet de consacrer tout son temps à la gestion des intérêts généraux du pays.

Je veux aussi qu'un député soit d'une avarice féroce quand il s'agit des deniers publics. Il est vraiment facile de se montrer généreux en votant à vos frais des crédits pour venir en aide aux Arabes dévastés par les sauterelles, aux ouvriers sans travail de la Loire, ou aux victimes de l'incendie d'un théâtre. A force de générosités qui ne leur coûtent rien personnellement, les députés élus en 1885 ont fini par mettre nos finances dans un état réellement fâcheux, qui fait la joie des ennemis de la République. Je prendrai un seul exemple : celui des subventions aux ports de commerce. La majorité a voté plus de 7 millions pour Cette et Bayonne, davantage pour Nantes et Saint-Nazaire, 72 millions pour Rouen et le Havre, etc., en tout, plus de 100 millions, sans compter 68 millions pour les ports militaires de Brest, de Cherbourg et de Toulon, crédit que la Commission du Sénat a réduit de moitié. J'ai été parmi les quinze ou vingt députés qui ont refusé de voter ces 100 millions : traitez-nous d'avares, de Shylocks si vous voulez. Notre avis est que les ports pouvaient se passer de ces secours que les contribuables payeront. Nous ne demandons pas de protection, mais nous ne voulons pas protéger les ports aux frais de l'agriculture. L'Angleterre, dont le commerce vaut bien le nôtre, ne vote pas de subventions pour ses ports et laisse faire les Chambres de commerce. Si la Chambre de commerce de Bordeaux veut améliorer son port, qu'elle l'améliore à ses frais. On n'a pas l'idée, dans les autres pays, de prendre ainsi sur la bourse commune pour accorder des subventions. Remarquez que le département de l'Yonne paye à peu près le centième de toute la France ; cela fait donc un million que l'on a imposé au département de l'Yonne en faveur des ports : si l'on voulait payer en un an ces cent millions et les imputer sur les contributions directes, ce serait *trente centimes* additionnels qu'il vous faudrait voir figurer sur vos feuilles. Je suis las d'être constamment du côté de la minorité dans des votes de ce genre, et de voir la droite et une partie de la gauche continuer sans aucun scrupule, par des votes de subventions de toute espèce, à se faire bien venir des électeurs au détriment de l'équilibre du budget ; cette manière de procéder n'est pour faire honneur ni à la France ni à la République.

IV

Je vous ai dit, en commençant, que je combattrais toute candidature exotique. — Sans avoir la moindre hostilité contre les Parisiens, — moi qui suis né à Paris, — ni contre les Auxerrois, parmi lesquels je compte d'excellents amis, — je serai plus sûr de voir nos intérêts sérieusement défendus si nous les confions à un homme de l'arrondissement. — Croyez-vous qu'un étranger aurait défendu vos intérêts comme je l'ai fait contre Paris au sujet des eaux de la Vanne ? — Contre l'Administration, quand on a embarqué les finances du département dans des dépenses dont vous sentirez la pleine charge l'année prochaine ? — Contre M. Vermorel, quand ce marchand de boutures a fait discréditer le sulfure de carbone par la presse du département ? Croyez-vous qu'un étranger se serait fait le correspondant, à Paris, des jeunes gens qui feront un jour la gloire de notre arrondissement ? Croyez-vous qu'il aurait aplani les difficultés des municipalités avec les Compagnies de chemins de fer ? Croyez-vous qu'il aurait seulement compris l'utilité de la création de la Chambre de commerce de Sens ? Je vous assure que, si je n'avais eu ici des amis qui m'ont fait connaître vos désirs, je ne me serais pas employé à cette affaire avec tant d'ardeur, et nous n'aurions pas obtenu la décision qui a été due à l'ancienne amitié dont m'honorait le ministre du Commerce de l'époque, M. Pierre Legrand.

En toute circonstance, je n'ai eu qu'à suivre mes propres sentiments pour agir dans le sens de nos intérêts locaux. En voici un exemple :

Lorsqu'on a voulu créer dans le département une École d'Agriculture, j'ai pensé qu'aucun lieu ne s'y prêtait mieux que Vauluisant, par l'étendue et la variété de ses terres, par sa situation à la limite du département de l'Aube, dont les habitants en auraient profité, et par sa grande notoriété. On sait que mon père avait fait de Vauluisant une ferme modèle, un centre d'instruction agricole par l'exemple. Mes souvenirs d'enfance me le représentent amenant à Vauluisant les agriculteurs et les savants les plus éminents, essayant les croisements, expérimentant les machines anglaises, fondant enfin ces concours qui ont donné l'impulsion à la création des comices agricoles, si nombreux aujourd'hui. Ma mère a cru comme moi que, en offrant d'y installer gratuitement l'École d'Agriculture, elle rendrait un service au département et un hommage à la mémoire de M. Léopold Javal ; le Conseil général d'alors préféra acheter la Brosse, près d'Auxerre.

Vous le voyez, Messieurs, dans cette circonstance et dans d'autres, j'ai cru qu'il était de mon honneur de faire des sacrifices personnels en faveur de l'agriculture. Du temps où j'étais candidat, je n'en ai jamais parlé ; aujourd'hui, je puis être moins modeste sans être accusé de faire de la réclame électorale.

Il m'est permis aussi de vous dire aujourd'hui que j'ai fait de nombreuses démarches en vue de l'établissement d'un chemin de fer de la Roche à Nogent, par Villeneuve

V

Au Parlement, les intérêts agricoles ont absorbé une bonne part de mon activité. — Partisan résolu de ces intérêts, je n'ai pas pu me résoudre à voter le renchérissement du pain ; mais, sauf sur ce point, j'ai lutté de toutes mes forces pour la défense de l'agriculture et de la viticulture. Dans cet esprit, j'ai refusé les dépenses excessives pour les ports ; j'ai voté pour la loi sur les récidivistes et j'ai prononcé un discours pour demander que ces vagabonds qui exploitent nos campagnes ne soient pas rapatriés après quelque temps de relégation ; j'ai parlé également pour empêcher la loi d'assurances contre les accidents de faire tomber sur les petits agriculteurs une responsabilité effrayante. J'ai fait partie de la Commission qui a fait voter le dégrèvement des vignes phylloxérées, et, par mon intervention au débat, j'ai assuré le vote de cette loi au Sénat.

J'ai été le rapporteur de la loi sur la destruction des insectes et cryptogames. Depuis le ministre François de Neufchâteau, cité dernièrement dans le discours du Président de la République, c'est-à-dire depuis le commencement du siècle, les Chambres n'avaient jamais réussi à aboutir sur cette question. J'ai eu la bonne chance de faire voter par la Chambre cette loi tutélaire qui nous venait du Sénat, et j'espère que nos agriculteurs en apprécieront l'utilité.

Le plus rude combat que j'aie eu à soutenir a été celui que j'ai conduit en faveur de la loi Develle, sur les syndicats de défense contre le phylloxéra. Si je devais vous raconter toutes les péripéties par lesquelles cette malheureuse loi a passé, toutes les démarches que j'ai dû faire, pendant trois ans, auprès des ministres qui se sont succédé au portefeuille de l'Agriculture, les transactions que j'ai consenties pour obtenir le vote des députés du Midi, qui n'étaient pas précisément nos alliés dans cette affaire, toute la soirée n'y suffirait pas. Enfin cette loi a été promulguée, et, grâce au concours de M. Cotelle, le règlement pour l'application de la loi va paraître. Nous aurons donc enfin la possibilité, non pas de détruire le phylloxéra, mais de ralentir sa propagation. Si les syndicats se forment, notre vignoble restera productif pendant de longues années, tandis que, si l'on ne se sert pas de la loi, il sera complètement détruit, et il faudra faire des sacrifices immenses pour le reconstituer. Reste encore à savoir si la replantation pourra se faire, si l'on trouvera de bons plants, susceptibles de prospérer dans nos climats, et si, quand on aura fait la dépense de reconstitution, la récolte sera suffisamment fréquente et fructueuse pour payer les frais et les peines de cette opération.

J'ai été des premiers, dans le département, à dénoncer les dangers du plébiscite : ma voix n'a pas été entendue, et nous avons eu Sedan ; j'ai dénoncé les députés qui trafiquaient de leur mandat, et nous avons eu Wilson ; j'ai prévenu du péril boulangiste, et les incidents Schnœbelé nous ont mis à deux doigts de la guerre ; j'ai prévenu l'épargne des périls de l'affaire de Panama, et peu de personnes m'ont écouté. Comme la Cassandre antique, je continue mon triste rôle de prophète de malheur, et je prédis la destruction totale de nos vignes : j'espère être mieux entendu, et je compte sur vous pour organiser des syndicats de défense. N'écoutez pas les reptiles à la solde des pépiniéristes du Midi, et joignez-vous à moi pour organiser les syndicats : il est presque trop tard.

VI

Le public attache, selon moi, trop d'importance aux discours d'un député. Pour certains électeurs, un député qui ne parle jamais et ne fait jamais parler de lui, comme M. Houdaille, est comme s'il n'avait jamais existé. Je crois, au contraire, qu'il y a des députés des plus utiles qui ne parlent pas et dont on ne parle pas. Je ne tirerai donc pas vanité d'avoir affronté la tribune plus de vingt fois, si j'ai bonne mémoire. Vous me permettrez pourtant de dire que, peu à peu, je suis arrivé à être écouté attentivement, parce que j'ai toujours eu soin de parler très brièvement et de choses que je savais. Je n'ai aucune prétention à l'éloquence, mais je m'en console en pensant que, dans cette Chambre si bruyante, j'ai généralement obtenu le silence et, quand on parle, c'est pour être écouté plutôt que pour être admiré

D'ailleurs, à plusieurs reprises, mes paroles ont eu une influence sur le vote de l'Assemblée, et j'ai la ferme conviction d'avoir contribué à attirer l'attention sur les questions de démographie, questions vitales dont la connaissance est indispensable pour le Parlement d'un grand peuple.

VII

D'après moi, le premier devoir d'un député est de prendre sa part dans le travail intérieur de la Chambre : d'assister, par exemple, aux réunions des bureaux, où l'on devrait être cinquante-cinq ou cinquante-six, et où l'on se trouve parfois cinq ou six. L'assiduité aux réunions des Commissions est encore plus nécessaire. Il m'est arrivé vingt fois d'ajourner un malade, ou de quitter le travail du laboratoire, pour être exact à ces réunions. et, bien souvent, la Commission, pour laquelle j'avais négligé mes autres occupations, n'était pas en nombre pour délibérer. Vous ne sauriez croire combien ce travail est rendu pénible par l'inexactitude de quelques-uns qui se font nommer membres de Commissions pour l'annoncer dans leur journal, et qui ne viennent jamais aux réunions. Ce sont les *pétardiers*, boulangistes ou autres, qui accusent le Parlement de ne rien faire, et qui empêchent eux mêmes la machine de fonctionner par leurs cris en séance publique et par leur absence dans les Commissions.

Voici, sauf omission, la liste des Commissions dont j'ai fait partie depuis les élections générales de 1885 (1).

1° 1re Commission des pétitions (21 novembre 1885) ;

2° Commission chargée de l'examen de la proposition de loi adoptée par le Sénat, relative à la suppression de la publicité des exécutions capitales (12 décembre 1885) ;

3° Commission chargée de l'examen des propositions de loi : 1° de M. Arnous et plusieurs de ses collègues, relative à l'exonération de l'impôt foncier des terrains plantés en vignes dans les départements ravagés par le phylloxéra ; 2° de M. Boullay et plusieurs de ses collègues, tendant au dégrèvement des vignes phylloxérées (3 juillet 1886) ;

4° Commission chargée de l'examen du projet de loi ayant pour objet l'organisation des syndicats en Algérie pour la défense contre le phylloxéra (5 juillet 1886) ;

5° Commission chargée de l'examen de la proposition de loi de M. Georges Roche (Charente-Inférieure) et un grand nombre de ses collègues, ayant pour objet d'accorder à tous les sous-officiers, caporaux, brigadiers, soldats, officiers mariniers, marins et assimilés, retraités sous tous les régimes antérieurs aux lois des 23 juil-

---

(1) Cette liste a été complétée en revoyant la sténographie de ma Conférence.

let 1881 et août 1883, ainsi qu'à leurs veuves et orphelins, le bénéfice des tarifs annexés à ces deux dernières lois (9 juillet 1886) ;

6° 9° Commission d'initiative parlementaire (18 octobre 1886) ;

7° Commission chargée de l'examen du projet de loi tendant à allouer la concession de décorations supplémentaires pour les marins et militaires employés aux opérations de l'Annam, du Cambodge et du Haut-Sénégal (13 novembre 1889) ;

8° Commission chargée de l'examen de la proposition de loi de M. Letellier, ayant pour objet d'autoriser la fabrication de monnaies de nickel de 20, de 10 et de 5 centimes (24 novembre 1886) ;

9° Commission chargée de l'examen de la proposition de loi adoptée par le Sénat, relative à l'aliénation d'une partie des joyaux de la Couronne (6 décembre 1886) ;

10° Commission chargée de l'examen de la proposition de loi de M. Simyan et plusieurs de ses collègues, relative au dénombrement de la population (15 décembre 1886) ;

11° Commission chargée de l'examen du projet de résolution de M. Blandin, tendant à inviter le Gouvernement et M. le ministre des Affaires étrangères à réclamer et obtenir du Gouvernement impérial de la Grande-Bretagne, par les voies diplomatiques, le compte d'emploi du fonds de garantie de 6,500,000 francs de rente française, au capital de 130,000,000 de francs, qui lui a été versé, en exécution des traités et conventions particulières des 30 mai 1814, 20 novembre 1815 et 25 avril 1818, et, s'il y a lieu, à poursuivre par les mêmes voies la remise de l'excédent pouvant exister, et dont le retour a été stipulé au profit de la France, avec intérêts accumulés et composés, par l'article 9 de la convention particulière du 20 novembre 1815 (24 mars 1887) ;

12° Commission chargée de l'examen du projet de loi, adopté par le Sénat, portant approbation de la convention conclue, le 12 mai 1886, entre le Gouvernement de la République française et le Gouvernement de S. M. le roi de Portugal et des Algarves, pour la délimitation des possessions françaises et portugaises dans l'Afrique occidentale (15 juillet 1887) ;

13° Commission chargée de l'examen du projet de loi portant dérogation à la loi du 5 juillet 1844 sur les brevets d'invention, et à la loi du 23 juin 1857 sur les marques de fabrique pour les produits admis à l'Exposition universelle de 1889 (17 novembre 1887) ;

14° Commission chargée de l'examen de la proposition de loi de MM. Sabatier, Maurice Faure (Drôme), et plusieurs de leurs collègues, ayant pour objet de modifier les articles 755 et 768 du Code civil (25 janvier 1888) ;

15° Commission chargée de l'examen : 1° de la proposition de loi de M. René Laffon et plusieurs de ses collègues, tendant à modifier et compléter l'article 177 du Code pénal ; 2° de la proposition de loi de M. Marmonier et plusieurs de ses collègues, tendant à modifier les articles 177 et 179 du Code pénal ; 3° de la proposition de loi de M. de La Batie et plusieurs de ses collègues, ayant pour objet de modifier les articles 178, 179 et 180 du Code pénal (18 mai 1888) ;

16° Commission chargée de l'examen du projet de loi tendant à approuver la concession, à la Société en commandite « Noir et Cⁱᵉ », de l'établissement thermal de Bourbon-l'Archambault et des sources de Saint-Pardoux et de la Trollière (Allier) (8 juin 1888) ;

17° Commission chargée de l'examen de la proposition de loi de M. Letellier et plusieurs de ses collègues, ayant pour objet la mise en adjudication des bureaux de tabac (28 juin 1888) ;

18° Commission chargée de l'examen du projet de loi, adopté par le Sénat, relatif à la restriction du privilège du bailleur d'un fonds rural et à l'attribution des indemnités dues par suite d'assurances (16 juillet 1888) ;

19° Commission chargée de l'examen du projet de loi sur la répartition de la contribution personnelle mobilière, la nomination des répartiteurs des contributions directes et la procédure de l'expertise en matière de contributions directes et de taxes assimilées (6 novembre 1888) ;

20° Commission chargée de l'examen du projet de loi, adopté par le Sénat, concernant la destruction des insectes, cryptogames et autres végétaux nuisibles à l'agriculture (22 novembre 1888) ;

21° Commission chargée de l'examen : 1° du projet de loi autorisant le Mont-de-Piété de Paris à faire des avances sur valeurs mobilières au porteur ; 2° du projet de loi concernant le service de la prisée et de la vente des gages au Mont-de-Piété de Paris (26 janvier 1889) ,

22° 31° Commission des pétitions (14 mai 1889) ;

23° Commission chargée de l'examen du projet de loi relatif à l'établissement d'un impôt général sur le revenu (7 décembre 1888) ;

24° Commission chargée de l'examen du projet de loi ayant pour objet de proroger le payement des sommes dues par la Compagnie universelle du canal interocéanique de Panama (décembre 1888) ;

25° Commission des pétitions (mai 1889).

Assurément, plusieurs de ces Commissions ont exigé peu de travail ; mais pour quelques-unes il a fallu de nombreuses réunions, soit à la Chambre, soit sur les lieux. La plupart des projets dont on vient de lire la liste ont abouti : j'en fais honneur surtout aux rapporteurs, dont la tâche est souvent très lourde et la responsabilité considérable.

Sans compter les pétitions dont j'ai été chargé, j'ai dû rédiger six rapports :

1° Sur la proposition de loi de M. Aujame et plusieurs de ses collègues, tendant à la suppression de la taxe personnelle et à son remplacement par une augmentation proportionnelle de la contribution mobilière ;

2° Sur la proposition de loi de M. Antide Boyer et plusieurs de ses collègues, tendant à l'allocation d'une pension minima de 1,000 francs à la famille de chacun des officiers, sous-officiers et soldats morts au Tonkin et à Madagascar ;

3° Sur la proposition de loi de M. Félix Faure, tendant à proroger pour une période de quinze années la loi du 29 janvier 1881 sur la marine marchande ;

4° Sur la proposition de loi de M. Letellier et plusieurs de ses collègues, ayant pour objet la mise en adjudication des bureaux de tabac ;

5° Sur la proposition de loi de MM. Sabatier, Maurice Faure et plusieurs de leurs collègues, ayant pour objet de modifier les articles 755 et 768 du Code civil (régime des successions) ;

6° Sur le projet de loi, adopté par le Sénat, concernant la destruction des insectes, des cryptogames et autres végétaux nuisibles à l'agriculture.

Pour trois de ces rapports, mes conclusions ont été adoptées par la Chambre ; pour trois autres, les crises électorales et les interpellations nous ont empêchés d'aboutir. J'espère que mon successeur sera plus heureux.

VIII

J'estime que l'activité d'un député ne doit pas se borner aux travaux parlementaires. Son devoir est de rendre compte publiquement de son mandat. Loin de me soustraire à cette obligation, je provoque les électeurs à m'en fournir l'occasion Partout où je serai convoqué, par les uns ou par les autres, par les vignerons ou les actionnaires de Panama, par les négociants ou les agriculteurs, dans cet arrondissement ou dans les autres, j'irai, comme je l'ai toujours fait, rendre compte de mes actes avec le regret de n'avoir pas fait davantage et mieux, mais avec la certitude d'avoir agi en homme de bonne volonté.

Trop souvent, les candidats, infatigables voyageurs en temps d'élections, deviennent difficiles à déplacer, une fois devenus députés. En ce qui me concerne, si depuis 1885 j'ai rarement paru en réunion publique, j'en accuse les électeurs : ils n'avaient qu'à me convoquer. J'étais et je reste à leur disposition

IX

Il me reste à vous dire pourquoi je désire ne pas être candidat en 1889.

Veuillez vous reporter à ma profession de foi de 1885, vous verrez que je tenais *à ne pas aban-*

donner mes travaux professionnels. Il y a vingt-cinq ans, sortant de l'École des Mines, j'avais résolu d'employer utilement ma vie. Conduit à remarquer l'imperfection des procédés employés par les oculistes, j'avais appliqué avec succès au progrès de l'ophtalmologie les connaissances scientifiques de l'ingénieur. Les résultats de mes travaux dans cette branche de l'art de guérir ont été publiés successivement en plus de cent mémoires disséminés dans des revues spéciales. Il me reste à compléter certaines recherches et à coordonner tous les matériaux et les observations que j'ai passé tant d'années à préparer en vue d'un travail d'ensemble. Il y a là une besogne utile pour l'humanité et que je suis seul en état de mener à bonne fin. Le service rendu, en mettant des méthodes perfectionnées entre les mains de tous les médecins spécialistes, est incomparablement supérieur à l'utilité de quelques consultations données aux indigents. C'est l'œuvre de ma vie, et je vous demande de m'accorder le loisir nécessaire pour la terminer.

Il serait possible, assurément, de mener ces travaux de front avec ceux de la Chambre, si je me sentais capable d'en prendre à l'aise avec les devoirs d'un député. Jusqu'à présent, je ne m'en suis pas senti la force. C'est le laboratoire qui a été sacrifié à la scrupuleuse exécution du mandat que vous m'avez confié.

Une autre raison, toute personnelle, m'engage à ne pas réclamer cette fois vos suffrages. — Tous mes collègues de la Chambre savent que j'ai été un des principaux artisans du rétablissement du scrutin d'arrondissement. Ils le savent tellement que, le jour où on a voté le scrutin d'arrondissement — le vote avait lieu à la tribune, — au moment où j'ai déposé mon bulletin, un hourra s'est élevé dans toute la Chambre. Mes collègues acclamaient la persévérance de celui qui avait entrepris le premier une campagne en règle pour le rétablissement de cette forme de scrutin. Comme il y a partout des gens qui ne croient pas au désintéressement, certains ont pu s'imaginer que j'ai fait cette campagne parce que je suis sûr de l'arrondissement de Sens, tandis qu'avec le scrutin de liste j'aurais des chances de n'être pas réélu. Ce sont des suppositions injurieuses qui ne sauraient m'atteindre ; nous sommes cinq frères et sœurs sortis de souche honorable ; nous respectons la mémoire de notre père, et je tiens à ce que mes enfants puissent respecter la mienne. J'ai agi dans l'intérêt général ; mais je ne veux pas qu'il soit permis à qui que ce soit de suspecter, même à tort, mon désintéressement : je désire ne pas tirer profit du rétablissement du scrutin d'arrondissement. Il ne me suffit pas de quitter l'arène politique avec l'absolue confiance d'avoir fait mon devoir : votre député ne doit même pas être soupçonné.

Enfin après le discrédit que l'attitude de la minorité a jeté sur la Chambre actuelle, un homme nouveau réunira peut-être mieux qu'un député sortant les suffrages de tous les républicains de l'arrondissement.

Vous pèserez, Messieurs, toutes ces considérations ; je vous demande un congé ; *je vous prie de chercher, dans notre arrondissement, un républicain honnête pour me remplacer,* et je vous offre tout mon concours pour soutenir sa candidature. J'ai contribué aux élections de mon père contre M. Brincard, de M. Rampont contre M. Frémy, de M. V. Guichard, de M. Cotelle contre M. Deligand, de M. Chardon contre M. Gibez ; j'aime beaucoup mieux faire campagne pour autrui que pour moi-même. Je vous demande instamment de faire un choix auquel je puisse me rallier. Si vous ne pouviez pas décider un parfait homme de bien, pris parmi vous, à assumer le fardeau que je désire quitter, je pousserais le dévoûment jusqu'à reprendre la tâche : je fais appel à votre amitié pour m'épargner ce devoir.

Je vous remercie, Messieurs, de la sympathique attention avec laquelle vous avez accueilli le compte rendu que je vous devais. En une heure, je n'ai pu indiquer qu'une faible partie des affaires qui m'ont occupé pendant quatre ans et ont nécessité un travail presque écrasant. Si j'ai dû, pour répondre à votre attente, renoncer à tout plaisir, à tout repos, à toute distraction légitime, si j'ai négligé la gestion de mes intérêts personnels et compromis gravement ma santé, j'ai eu cette compensation d'avoir fait mon possible pour justifier votre choix, et si personne n'a d'observations à faire ni de questions à me poser, j'en conclurai qu'à *l'unanimité le Cercle Républicain de Sens déclare que M. Javal a loyalement rempli le mandat qui lui a été confié.*

QUESTION

M. Fougeu, président, en présence de l'accueil fait aux explications de M. Javal, juge inutile de mettre aux voix l'approbation de sa conduite politique.

Il prie cependant le député de s'expliquer sur son attitude en ce qui concerne Panama. Un banquier d'Auxerre, M. S. a affirmé avoir exécuté des ordres de Bourse pour le compte de M. Javal, et a dit que ce député avait poussé à la baisse des titres de Panama pour en acheter à vil prix.

RÉPONSE

M. JAVAL. — Je ne connais pas M. S., le banquier; je ne l'ai jamais vu; je ne connais son nom que par les annonces qu'il a fait paraitre dans les journaux, où il offrait de vendre des obligations de Panama. S'il était prouvé que M. S. a tenu le langage qu'on lui prête, ce serait un misérable.

Supposez d'ailleurs que j'aie spéculé sur le Panama : comment pourriez-vous croire que, demeurant à Paris, j'aurais été assez sot pour charger de mes ordres un banquier d'Auxerre que je ne connais pas, et qui aurait pu abuser de ma confiance ?

On a dit que j'ai poussé à la baisse pour racheter les actions à bas prix. Je n'en ai jamais acheté une seule et je n'en achèterai jamais une ; car, suivant moi, elles ne valent pas un franc pièce, et je renouvelle ici le conseil que je n'ai jamais cessé de donner à mes amis : vendez !

Toutes les sottises que les journaux de M Arboin, Gallot, Gibez et autres congénères ont imprimées sur mon compte, à l'occasion de Panama, prouvent qu'il faudrait abroger la loi de 1881 qui crée un privilége aux journalistes diffamateurs, privilége dont ils abusent cruellement quand ils croient avoir devant eux un homme assez riche pour acheter leur silence.

Mais c'est faire trop d'honneur à ces messieurs d'en parler si longtemps. Vous n'avez pas cru à leurs calomnies ; mais, puisque vous m'y invitez, je ne suis pas fâché de raconter en détail comment je me suis trouvé mêlé à cette affaire de Panama.

Elu membre de la Commission des pétitions aussitôt après les élections générales de 1885, j'eus à examiner la demande adressée à la Chambre par des habitants de la Drôme qui désiraient que la Compagnie de Panama fût autorisée à émettre des obligations à lots. Pour émettre une opinion sur une aussi grave question, il fallut examiner à fond la situation de l'entreprise de Panama. Après plusieurs mois, notre opinion était faite. Nous avions constaté que le canal à niveau était d'une exécution à peu près impossible ; que, même en faisant le canal à écluses, la Compagnie serait conduite à suspendre ses payements, et notre avis fut de refuser l'autorisation demandée pour ne pas entraîner de nouveaux souscripteurs dans le désastre qui était déjà inévitable pour les actionnaires.

D'ailleurs, nous connaissions l'avis de M. Rousseau, que M. Demôle, lorsqu'il était ministre des Travaux publics, avait envoyé étudier l'affaire sur place, et nous savions que M. Carnot, alors ministre des Finances, était également contraire à l'autorisation demandée.

Ce fut pour nous tous un grand chagrin de constater la mauvaise situation d'une entreprise où une grande partie de l'épargne nationale était engagée. Nous envisagions aussi avec douleur la situation qui allait être faite à M. de Lesseps, et nous aurions voté pour l'autorisation demandée si nous n'avions pas été certains qu'elle serait sans utilité pour les souscripteurs anciens, et désastreuse pour les souscripteurs nouveaux. Les événements nous ont malheureusement donné raison.

Comme membre de la Commission des pétitions, je m'étais cru obligé d'examiner les chiffres de la Compagnie ; j'avais de plus interrogé mes camarades ingénieurs et mes confrères médecins revenus de l'Isthme ; j'avais, en un mot, comme c'était mon devoir, fait une enquête minutieuse, car près d'un milliard d'argent français était déjà engagé. Mes recherches m'avaient fait connaître la situation, et je n'avais aucune raison pour mettre la lumière sous le boisseau : je fis connaître la vérité à mes amis.

Depuis 1885, je n'ai pas manqué une occasion de prédire la ruine de la Compagnie de Lesseps. Mes amis de Sens et de Paris, qui ont eu confiance dans mes déclarations, n'ont pas à le regretter.

Malheureusement ma voix a trouvé moins d'écho à Auxerre ; je pourrais citer un honorable négociant de cette ville qui a refusé non seulement de vendre, mais de me confier ses titres que je voulais vendre *à mes risques et périls*.

Comment cet homme, intelligent dans son commerce, a-t-il été placer toutes ses économies dans cette affaire de Panama ? Comment a-t-il résisté aux conseils de ma vieille amitié, à ceux de son fils, qui est un ingénieur distingué, aux supplications de sa femme et de ses enfants ?

C'est tout simple ; presque tous les journaux ont reçu de l'argent pour insérer les communications de la Compagnie de Panama, et le public a fini par croire à l'excellence de l'affaire. Que les journaux insèrent les annonces qu'on leur paye, c'est du commerce ; mais qu'ils placent en première page, comme l'a fait le *Petit Journal*, des articles pour engager leurs lecteurs à souscrire, voilà qui me révolte, car les quelques millions que la presse a reçus de Panama coûtent plus d'un milliard à l'épargne française. Oui, comme je l'ai dit ici même, les journalistes qui ont fait cela ont fait un *sale métier*.

D'ailleurs, M. de Lesseps ne se bornait pas à soudoyer la presse ; il cherchait à agir par tous les noyens sur les députés : en ce qui me concerne, voici comment il s'y est pris.

Il y a plus de deux ans, j'ai reçu la visite de M. Ch. de Lesseps. Je précise ; c'était le 28 janvier 1887, et l'entrevue a eu lieu devant un témoin digne de foi. M. de Lesseps me demanda de voter en faveur de son projet d'obligations à lots, ce que je refusai ; car je suis contre les loteries en général, et dans le cas spécial je ne voulais pas exposer six cent vingt millions de l'épargne française pour tâcher de sauver le milliard déjà dévoré par l'entreprise. M. de Lesseps, me voyant inaccessible à ses autres arguments, me menaça de me faire attaquer par les journaux. Coïncidence remarquable, peu de jours après, le *Nouvelliste* m'accusait de faire partie d'un syndicat à la baisse sur le Panama, et le *Radical de l'Yonne* répétait cette absurdité. L'article du *Nouvelliste* a été cité dans la *Revue-Gazette* de M. de Lesseps, journal imprimé à très grand nombre aux frais des actionnaires de Panama. L'article, signé Sicard, était intitulé : *Les Adversaires de Panama ; Un député spéculateur,* et reproduisait les mensonges du *Nouvelliste.*

Vous voyez que la Compagnie de Panama a employé l'argent des actionnaires et des obligataires pour tromper le public et les tromper eux-mêmes en faisant croire aux braves gens qu'il existe quelque part un syndicat d'étrangers spéculant à la baisse. C'est le contraire qui est vrai : la Compagnie a toujours eu des hommes à elle pour agir sur les cours de ses titres, et actuellement encore c'est la spéculation et la presse qui soutiennent les actions au-dessus du prix du papier. Indigné de tout ce que j'avais vu de près, j'ai osé, en avril 1888, parler à la Chambre *contre* l'emprunt à lots. *Aucun journal, ni de Paris, ni d'Auxerre,* n'a consenti à reproduire mon discours. Ils étaient tous payés pour se taire.

— Voici l'extrait du *Journal officiel* :

M. LE PRÉSIDENT. « Le remboursement de cet emprunt et le payement des lots seront garantis par un dépôt suffisant, avec affectation spéciale de rentes françaises ou de titres garantis par le Gouvernement français. La Compagnie universelle du Canal interocéanique de Panama, pour répondre à l'obligation qui lui est imposée, est autorisée à augmenter dans les mêmes conditions ledit emprunt de 600 millions de la somme nécessaire à la constitution de ce fonds de garantie, cette augmentation d'emprunt ne pouvant excéder 20 pour 100 de la somme principale. »

La parole est à M. Javal.

M. JAVAL. Messieurs, il me semble que l'adoption du paragraphe dont vous venez d'entendre lire le texte engage la responsabilité de la Chambre, de la manière suivante :

C'est la Chambre qui décide qu'un prélèvement sera fait pour la reconstitution du capital, et quand même vous accepteriez tout à l'heure un amendement dans lequel il serait dit que dans toutes les publications de la Compagnie, que sur tous les titres émis il sera spécifié que la Chambre décharge entièrement sa responsabilité, je prétends qu'il n'est pas dans le pouvoir de la Chambre de décider en même temps que dans tous les journaux qui parleront de cette émission, à côté de l'article qui fera valoir les avantages garantis, il y aura un article disant que la Chambre a spécifié qu'elle ne prend pas la responsabilité de cette garantie.

C'est pour ce motif que je vous propose de repousser ce cinquième paragraphe.

Comme vous tous, j'ai reçu un très grand nombre de pétitions qui n'ont point été sans avoir une influence sur mon esprit ; pour avoir un jugement sur la valeur de ces pétitions, j'ai envoyé à tous les pétitionnaires le rapport de notre collègue M. Gomot.

A ma très grande surprise, le surlendemain j'ai reçu du département de l'Yonne un grand nombre d'exemplaires de ce rapport qui m'étaient renvoyés avec ces mots : « Destinataire inconnu. »

J'ai examiné soigneusement les noms qui se trouvaient sur la liste. J'ai trouvé qu'en somme les agriculteurs, dont on nous parle beaucoup et dont nous protégeons bien mal les intérêts, ne formaient pas la majeure partie des pétitionnaires, loin de là. Eh bien, je prétends que, si vous votez le cinquième paragraphe dont il s'agit, les malheureux petits souscripteurs résidant dans les communes rurales, qui ne connaîtront que ce qui leur parviendra par les journaux, feront ce que l'agriculture a l'habitude de faire : ils apporteront des verges pour se faire fouetter, ils apporteront aux guichets de la Compagnie de Panama cet argent qui l'aidera à détruire un obstacle naturel interposé entre les blés de Californie et le marché européen.

Le résultat sera de faire arriver sur les marchés d'Europe 40 millions d'hectolitres de blé de Californie qui n'attendent que l'ouverture du Canal de Panama — si jamais il est ouvert — pour faire concurrence à l'agriculture nationale.

Pour ma part, il m'est absolument impossible de me laisser influencer par des intérêts particuliers auxquels sont opposés des intérêts généraux beaucoup plus nombreux, ceux des agriculteurs français. Si vous maintenez le cinquième paragraphe qui est un piège tendu aux petits souscripteurs de nos communes rurales, je voterai contre l'ensemble de la loi. *(Très bien ! très bien !)*

Nous parlons de protéger les intérêts de nos agriculteurs, et voici ce que nous faisons : c'est à leur bourse, à leurs petites économies, que nous aidons la Compagnie de Panama à faire appel. Ils donneront ce qu'ils ont pu économiser pendant ces malheureuses crises agricoles, ils videront dans le gouffre les bas de laine...

M. LIAIS. Ils sont déjà vides.

M. JAVAL... dont M. de Lesseps a parlé avec tant de tendresse. De cet argent, ils ne reverront jamais rien. Si je me trompe et si, au lieu de grossir la faillite en la reculant, la Compagnie mène son entreprise à fin, les petits souscripteurs ruraux auront payé pour aggraver la crise agricole dont le signal et l'impulsion première viennent du percement de Suez.

Comment, alors, pourrez-vous vous présenter devant eux et dire que vous avez défendu leurs intérêts ? Jamais je ne m'associerai au vote du dernier paragraphe de l'article 1er, grâce auquel, malgré toutes vos précautions, on pourra faire croire au public à une garantie dont aucun de vous ne prend la responsabilité. *(Très bien ! très bien ! sur divers bancs.)*

Il paraît que ce discours a fait une certaine impression sur la Chambre, car l'article que je combattais n'a été voté qu'à *quatre* voix de majorité (196 contre 192). Près de 200 députés, convaincus de la vérité de ma thèse, se sont abstenus ; c'est à eux qu'il faut jeter la pierre.

En décembre 1888, le désastre éclatait, irrémédiable. Pour dégager le ministère, M. Peytral proposait de proroger les échéances de la Compagnie de Panama. Toute la Chambre savait que cette combinaison était absurde et contraire aux intérêts des obligataires, mais personne ne se souciait de faire partie de la Commission de vingt-deux membres chargés d'examiner la proposition. Chacun savait que les commissaires seraient diffamés par les journaux à la solde de la Compagnie, c'est-à-dire par presque toute la presse. Car, si ces messieurs de Panama n'ont plus d'argent pour continuer les travaux, ils en ont toujours pour payer les journaux.

Nous nous sommes trouvés dix-huit hommes assez dévoués pour nous exposer à ces attaques. Nous avons, sans désemparer, examiné la situation de l'affaire. En notre âme et conscience, nous avons conseillé à la Chambre de s'arrêter sur la pente où l'engageait la proposition Peytral. Notre commisération pour le célèbre président de la Compagnie de Suez ne nous a pas empêchés de montrer à la Chambre la voie qu'elle devait suivre, et notre voix a été écoutée par nos collègues. Ils ont eu le courage tardif de refuser la loi d'exception qui leur était demandée. Les actionnaires ont tout perdu, mais grâce à nous les obligataires recevront peut-être un jour quelque chose. Ils ne nous en sauront aucun gré, mais nous aurons fait notre devoir.

Sens. — Imprimerie A. CLEUZARD, 91, rue de la République.

Contraste insuffisant

NF Z 43-120-14